AF463918

CERCLE IMPÉRIAL

RÈGLEMENT

ET

LISTE ALPHABÉTIQUE

de MM. les Membres du Cercle.

ANNÉE 1862.

AVIS.

Messieurs les Membres du Cercle sont priés de faire connaître au Secrétariat leurs changements d'adresse.

Paris. — Imprimerie de E. DONNAUD, rue Cassette, 9.

MEMBRES HONORAIRES.

S. M. T. F. le Roi de Portugal.

S. A. R. Monseigneur le Duc de Porto.

S. M. le Roi Victor-Emmanuel.

S. M. le Roi de Wurtemberg.

S. A. R. le Duc de Cambridge.

S. A. I. et R. l'Archiduc Maximilien-Joseph.

S. A. R. le Grand Duc de Bade.

S. A. R. le Duc de Brabant.

S. A. R. le Prince Oscar de Suède.

S. M. le Roi de Bavière.

S. A. R. le Prince Frédéric-Guillaume de Prusse.

S. A. I. le Grand-Duc Nicolas de Russie.

S. A. R. le Prince Adalbert de Bavière.

S. A. R. le Prince Royal de Wurtemberg.

S. A. R. le Prince d'Orange.

S. A. I. le Grand-Duc Constantin de Russie.

S. M. le Roi des Pays-Bas.

COMITÉ DU CERCLE IMPÉRIAL.

PRÉSIDENT HONORAIRE. .	**ORNANO**, S. Ex. le Maréchal Cte d'
PRÉSIDENT	**MORNY**, S. Exc. le Comte de
VICE-PRÉSIDENTS	**ALLARD**, Général de division
	BAROCHE, S. Exc., Ministre
MEMBRES DU COMITÉ.	BACIOCCHI, Comte
	BARBANTANE, Comte de
	BEHAGUE, de
	BENEDETTI.
	BERTHELIN.
	CÉCILE, Vice-Amiral Comte
	FLAMARENS, Comte de GROSSOLLES-
	FOULD, Achille
	GERMINY, Comte Charles de
	HEECKEREN, Baron de
	HERTFORD, Marquis d'
	KŒNIGSWARTER, Maximilien
	MAGNAN, S. Exc. le Maréchal
	MARCOTTE DE QUIVIÈRES, Charles
	MELLINET, Général de division
	MONTEBELLO, Général de divis., Cte de
	MURAT, Prince Joachim
	NIEUWERKERKE, Comte de
	PADOUE, Duc de
	PERSIGNY, Comte de
	POISSON, Baron
	PORTALIS, Baron
	REILLE, Colonel, Comte
	ROGER DE SIVRY, Baron
	SAINT-DIDIER (Félix de)
	TREILHARD, Comte
	VILLEMAIN, Intendant militaire.
SECRÉTAIRE.	VAN HYMBEECK (A^{te}).

Sous-Comité du Cercle Impérial.

Président. . . . . . MORNY, S. Exc. le comte de
Vice-Présidents. { ALLARD, Général de division
BAROCHE, S. Exc., Ministre
BERTHELIN.
GERMINY, Comte Charles de
KŒNIGSWARTER, Maximilien
MARCOTTE DE QUIVIÈRES, Charles
NIEUWERKERKE, Comte de
POISSON, Baron
REILLE, Colonel, Comte
SAINT-DIDIER (Félix de)
TREILHARD, Comte
VILLEMAIN, Intendant.
Secrétaire . . . . . . VAN HYMBEECK (Ate).

LISTE

DE

MM. LES MEMBRES PERMANENTS

DU CERCLE IMPÉRIAL

S. A. le Prince Murat.

S. A. le Prince Joachim Murat.

A

Abaza, d', 20, *rue de la Paix*.

Aguado, Vicomte d', 18, *place Vendôme*.

Albuféra, Duc d' (fondateur), 17, *Place Vendôme*.

Allard, Général de division, 24, *rue du Luxembourg*.

2

Andrey, 1, *rue Mondovi.*

Antonopoulo, 8, *rue Miroménil.*

Argout, Vicomte Maurice d', 350, *rue St-Honore.*

Argout, Comte Gaston ', *Grenelle-St-Germain,* 113.

Arjuzon, Comte d', *Faub. St-Honoré,* 70.

Armand, 1, *rue Fortin.*

Aubigny, d', 88, *rue de l'Université.*

Audiffret, Marquis d' (fondr), 281, *rue St-Honoré.*

Avigdor, Comte Henry d', Duc d'Acquaviva, *Cours-la-Reine,* 20.

Ayguevive, Comte d', 23, *rue de l'Université.*

B

Baciocchi, Comte (fond[r]), *au Palais des Tuileries.*

Balaÿ de la Bertrandière, 113, *rue de Chaillot.*

Baltazzi, Théodore, 46, *avenue Gabriel.*

Barbantane, Comte de, 7, *quai Voltaire.*

Baroche, S. Exc. (fond[r]), 78, *rue de Varennes.*

Baroche, Ernest, 78, *rue de Varennes.*

Barral, Vicomte de, 10, *rue de la Paix.*

Barral, Baron Edgard de, *à Nancy.*

Barrot, J. 5, *rue du Regard.*

Bassano, S. Exc. le Duc de, *au Palais des Tuileries.*

Bataille, E., 12, *rue Chauchat.*

Béarn, Comte de, 58, *rue de Varennes.*

Beaumont, Elie de, 5, *rue de Lille.*

Beaumont, Comte F. de (fondateur), 8, *rue Royale St-Honoré.*

Béhague, Comte de, 12, *rue de Poitiers.*

Béhague, A. de, 15, *rue des Saussaies.*

Bédoyère, Comte de la, 7, *rue du Cirque.*

Belbeuf, Marquis de, 79, *rue de Lille.*

Belbeuf, Comte de, 79, *rue de Lille.*

Belleyme, A. de, 36, *rue Blanche.*

Benedetti, *Affaires étrangères.*

Berger, Amédée, 24, *rue de Luxembourg.*

Berney, Robert, 19, *rue du Cirque.*

Berthelin, 29, *rue Tronchet.*

Besson, 116, *Faubourg St-Honoré.*

Béthisy, Marquis de, 53, *rue de l'Université.*

Billing, 26, *rue Montaigne.*

Blacker.

Blanche, 97, *rue de la Pépinière*

Block, 23, *rue de la Madeleine.*

Boilay, 12, *rue Laffitte.*

Bois-Thierry, Marquis de, 5, *rue des Champs-Élysées.*

Boitelle, *à la Préfecture de Police.*

Bonaparte fils, Jérôme, 14, *rue de Tivoli.*

Bonneval, Comte Lionel de, 41, *rue de Luxembourg.*

Bordet, Henri, 8, *rue de Milan.*

Boulard, 21, *rue Bonaparte.*

Boulay de la Meurthe, Comte, 24, *rue de l'Université.*

Bourcart, 6, *rue Blanche.*

Bourlon, 18, *rue Pigalle.*

Boyer, Alexandre, 11, *rue Pigalle.*

Bradi, 11, *rue de Miroménil.*

Branicki, Comte de, 20, *rue de Berry.*

Bravay, 6, *rue de Londres.*

Brehier, 11, *rue d'Alger.*

Brenier, Baron, 91, *rue de l'Université.*

Bressieux, Comte de, *rue Las-Cases.*

Breteuil, Comte de (fondateur), 7, *rue St-Florentin.*

Broleman, 15, *rue Neuve-des-Mathurins.*

Buquet, Baron, 38, *rue du Monthabor.*

Butenval, Baron His de, 104, *rue St-Lazare.*

C

Caffin de Mérouville, 8, *place Vendôme.*

Cahen d'Anvers, M. (fr), 118, *rue de Grenelle-S.-G.*

Cahen d'Anvers, fils, 47, *rue Laffitte.*

Cahen d'Anvers, Louis, 118, *rue de Grenelle-S.-G.*

Calhoun-Mérédith, 174, *rue de Rivoli.*

Calvet-Rogniat, 15, *avenue Marbeuf.*

Cambacérès, S. Ex. le Duc de, 21, *rue de l'Université.*

Canrobert, S. Exc. le Maréchal, 13, *rue de la Ferme-des-Mathurins.*

Carrelet, Général de division, 3, *rue de Berry.*

Caruel de St-Martin, Baron, 8, *Boulev. Monceaux.*

Casa Riéra, Marquis de, 5, *rue Blanche.*

Castéja, Marquis de (fondateur), 1, *rue St-Arnaud.*

Caulaincourt, Marquis de, 29, *rue Grenelle-St.-G.*

Cécille, Vice-Amiral, Comte (fond[r]), 214, *rue de Rivoli.*

Cessac, Comte de, 63, *rue de Varennes.*

Cessac, Vicomte de, 25, *avenue Montaigne.*

Chabrefy, Baron de, 34, *rue de la Ville-l'Évêque.*

Champagny, Comte, Napoléon de, 23, *rue du Chemin de Versailles.*

Chassériau, 27, *rue St-Lazare.*

Chaumont-Quitry, Marquis de, 47, *Ville-l'Évêque.*

Chazelles, Léon de, 35, *rue St-Dominique.*

Chimay, Prince de (fondateur), 17, *quai Malaquais.*

Claremont,

Clary, Comte François, 24, *rue d'Aumale.*

Clebsattel, Alfred de, 108, *rue de la Pépinière.*

Clément, Baron, *à Caen.*

Cohen, Félix, 22, *rue d'Aumale.*

Conti, 19, *rue du Colysée.*

Cor, Louis, 108, *rue St-Lazare*.

Corberon, Baron, Emile de, 38, *rue de la Ville-l'Évêque*.

Coster, Gérard H., 42, *avenue Gabriel*.

Coulaux, 13, *rue Richepanse*.

Courtenay, 5, *rue des Champs-Élysées*.

Cowley, S. Exc. Lord, Ambassadeur de la Grande-Bretagne, *Faubourg St-Honoré*.

Croix, Marquis de, 29, *rue de Grenelle-St-Germain*.

Cuvier, Frédéric, 4 *bis*, *rue d'Astorg*.

D

Darblay jeune, 156, *rue de Rivoli.*

Dariste, 5, *rue des Champs-Élysées.*

Daugny, Charles, 8, *boulevard Montmartre.*

Dauzat d'Embarrère, 5, *rue Tronchet.*

David, Baron, 96, *rue de Grenelle-St-Germain.*

Delangle, S. Exc. Ministre de la Justice, *Place Vendôme.*

Delatre, Léonce, 5, *rue d'Isly.*

Descours, Laurent, 83, *rue Taitbout.*

Donon, 42, *avenue Gabrielle.*

Drouot, 3, *rue d'Alger.*

Dubois, Comte, 89, *rue Neuve-des-Mathurins.*

Dumont, Ch., 87, *rue Neuve-des-Mathurins.*

Duranti, Comte de, 30, *rue Godot-de-Mauroy.*

E

Erlanger (d'), 21, *chaussée d'Antin.*

Eschasseriaux, Baron, 11, *rue de Suresnes.*

Espeleta, Baron d' (fondateur), 23, *rue Laffitte.*

Espeuilles, Marquis d' (fondateur), 24, *rue Bellechasse.*

F

Féray, Général.

Flahault, S. Exc. le Comte de (fondateur), *Palais du Corps-Législatif.*

Flamarens, Comte de Grossolles (fondateur), 44, *rue de Verneuil.*

Flandin, 5, *rue du Havre.*

Fleury, Général, *Pavillon Mollien, au Louvre.*

Fontette, Comte de, 5 *bis, rue du Cirque.*

Forcade de la Roquette, 99, *rue St-Lazare.*

Force, Duc de Caumont La (fondateur), 133, *avenue des Champs-Élysées.*

Fould, Achille, S. Exc. (fondateur), *Faubourg St-Honoré.*

Fould, Adolphe, 22, *rue Bergère.*

Fould, Edouard.

Fraenckl, de Varsovie, Baron, 127, *avenue des Champs-Élysées.*

Franqueville de, 3, *place du Palais-Bourbon*

Frémy, 19, *rue Neuve-des-Capucines.*

Furtado, 8, *rue de Valois-du-Roule.*

G

Gabriac, Marquis de, 9, *rue des Écuries-d'Artois.*

Garcia, Thomas, Cortés, 15, *rue des Champs-Élysées.*

Gaslonde, 8, *boulevard St-Germain.*

Gasson,

Gaudin, Émile, *ministère de la justice.*

Gaujal, Baron de, 43, *rue Neuve-du-Luxembourg.*

Gautier, Jules, 44, *rue de la Victoire.*

Gautier, 334, *rue St-Honoré.*

Geiger, Baron de, 59, *rue de Richelieu.*

Gentil, 10, *rue de Suresnes.*

Geoffroy de Villeneuve, 35, *boulevard des Capucines.*

Germiny, Comte Ch. de, *hôtel de la Banque de France.*

Gil, 23, *rue St-Georges.*

Gladstone, W., *hôtel Windsor.*

Gotz, L., 16, *rue Rumfort.*

Gould, 29, *rue Matignon.*

Goupil, 47, *rue Laffitte.*

Gouttes, de, 8, *rue Castiglione.*

Grammont, Vicomte de, 19, *rue de Miroménil.*

Grandval, Marquis de, 54, *rue Taitbout.*

Grieninger, 21, *rue de la Chaussée-d'Antin.*

Grouchy, Général de division, Marquis de, 24, *rue de l'Université.*

Guell y Rente, Don Jose.

Guepratte, *rue Marbeuf.*

H

Hallez Claparède, Comte, 9, *rue St-Florentin.*

Hamilton, Duc de, *place Vendôme* (hôtel Windsor).

Hankey,

Haussman, Baron, *Préfecture de la Seine.*

Havrincourt, Marquis d', 43, *rue de Varennes.*

Heeckeren, Baron de (fond'), 27, *avenue Montaigne.*

Heiné, Ch., 75, *rue de la Pépinière.*

Hellot, 45, *rue St-Lazare.*

Hertford, Marquis de (fondateur), 2, *rue Laffitte.*

Hollis Hunnewell, 5, *rue des Champs-Élysées.*

Hostier de Saint-Albin, *Auteuil* (Parc au Prince).

Howard, Honble Henry, 74, *Faubourg St-Honoré.*

Hubert Saladin, 2, *rue Miroménil.*

Hulot, 11, *quai Conti.*

Hugues, 30, *rue Neuve-de-Berry.*

Hugon, Vice-Amiral Baron (fond[r]), 368, *rue St-Honoré.*

I

Imhaus, Georges.

Isnard, Colonel, 22, *place Vendôme.*

Isrel, Maurice, 5, *rue de la Ferme-des-Mathurins.*

Izoard, 6, *rue de Greffulhe.*

J

Jansse, 19, *rue de la Ville-l'Évêque.*

Jarry, E.-J., 38, *rue de la Ferme.*

Jobert de Lamballe, 39, *place de la Madeleine.*

K

Kalergis, Ministre plénipotentiaire de S. M. Hellénique, 46, *avenue Gabriel.*

Kergorlay, Comte de, 48, *rue de Varennes-St-Germain.*

Kerney, Major.

Kisseleff, Son Exc. Comte de, Ambassadeur de Russie, 33, *Faubourg St-Honoré.*

Kœnigswarter, Maximilien, 4, *rue d'Astorg.*

Komar, Comte de, *place Vendôme.*

L

Labour, 9, *rue Taitbout.*

Lacaze, 9, *rue des Écuries-d'Artois.*

Lachapelle, de.

Lacroix, 16, *rue de l'Arcade.*

Laffitte, Charles, 5, *rue des Champs-Élysées.*

Lagrange, Comte F. de, 2, *rue du Cirque.*

Lalouel de Sourdeval, 22, *rue Bergère.*

Lambert, Gustave, 57, *rue St-Lazare.*

Lamy, 10, *rue Duphot.*

Lapeyre, Général, 23, *rue de la Madeleine.*

Larabit, 21, *rue de Bellechasse.*

La Riboisière, Comte de, 62, *rue de Bondy.*

Lascoux, 36, *rue de Luxembourg.*

Laski, de, 5, *rue des Champs-Elysées.*

La Tour-Maubourg, Marquis de, 22, *rue de la Ville-l'Évêque.*

Lavalette, Marquis de (fondateur), 44, *avenue Gabriel.*

Lavenay, Victor de, 12, *rue de Ponthieu.*

Lebeuf de Montjermont, Adrien (fondateur), 12, *place Vendôme.*

Le Coat de Kervéguen, 25, *faub. St-Honoré.*

Lee Bradley, D., 37, *rue de Luxembourg.*

Lecocq, Jules, 23, *rue de l'Université.*

Le Comte, Eugène, 7, *rue de la Paix.*

Ledieu, 37, *rue Taitbout.*

Lefebvre, Armand, 8, *rue d'Isly.*

Le François, Capitaine d'artillerie, *à Versailles.*

Le Hon, Comte, 9, *rond-point des Champs-Élysées.*

Le Hon, Comte Léopold, 1 *bis, rue Lord-Byron.*

Le Jeune, Baron, 46, *rue du Marché d'Aguesseau.*

Leliva, Comte, 55, *rue de la Pépinière.*

Le Roux, Alfred, 3, *rue de la Grange-Batelière.*

Lescuyer d'Attainville, 39, *rue de l'Université.*

Le Sergeant de Monnecove, 5, *rue des Champs-Élysées.*

Lespérut, Baron de, 10, *rue du Cirque.*

Lesseps, Baron Jules de (fondateur), 23, *vieille avenue de Neuilly.*

Lesterpt, Henri, 17, *rue Godot-de-Mauroy.*

Lestiboudois, 92, *rue de la Victoire.*

Létang, Général de division, Baron de, 5, *rue des Champs-Élysées.*

Levée, M., 34, *rue de Berlin.*

Lightenvelt, Ministre des Pays-Bas, 121, *avenue des Champs-Elysées.*

Lynch, 194, *rue de Rivoli.*

M

Magnan, S. Excel. Maréchal (fondateur), 9, *place Vendôme.*

Magnin, Henry de.

Maingoval, Fné de, 34, *rue de l'Université.*

Manceaux, Ernest, 31, *quai Napoléon.*

Manouk Bey, Colonel.

Marcilly, de, 3, *rue Vendôme.*

Marcotte de Quivières, Ch., 11, *quai Conti.*

Marcotte de Quivières, Louis, 125, *avenue des Champs-Élysées.*

Marey-Monge, Général de division, Comte de Peluze, 31, *rue Bellechasse.*

Mariani, Baron, 42, *Place de la Ville-l'Évêque.*

Marpon, de.

Martel, 8, *rue Taranne.*

Martroy, Vicomte du, 25, *quai Voltaire.*

Maupas, A. de (fondateur), 72, *rue de Bellechasse.*

Mellinet, Général de division, *École Militaire.*

Mercier, Commandant, 166, *rue Grenelle-St-Germain.*

Mérimée, 52, *rue de Lille.*

Meynard, de, 42, *rue d'Anjou St-Honoré.*

Meynier, 47, *rue Taitbout.*

Mézange Saint-André, Génér., *Hôtel du Helder.*

Moïana (fondateur), 4, *rue Lepelletier.*

Mollard, Général de division, 7, *rue Garancière.*

Montant, Auguste-Louis, 47, *rue Neuve-des-Mathurins.*

Montbrun, Baron de, 94, *rue St-Lazare.*

Montebello, Général de division, Comte de (fondateur), 33, *rue Barbet-de-Jouy.*

Montjoyeux, A. de, 80, *rue d'Anjou-St-Honoré.*

Montjoyeux, H. de, 80, *rue d'Anjou-St-Honoré.*

Montléard, Prince de, 29, *rue Gaudot-de-Mauroy.*

Montour, Baron de, 5, *rue du Cirque.*

Moreton Peto.

Morin, 49, *rue du Luxembourg.*

Morny, S. Exc. le Comte de (fondateur), *au Palais du Corps Législatif.*

Mortemart, Général de division, Duc de (fondateur). 88, *rue de Lille.*

Mortier, Comte, 24, *rue Matignon.*

Moskowa, Général, Prince de la, 12, *rue de Marignan.*

Moulton, Charles, 27, *rue de Courcelles.*

Mounier, Baron, *à Senlis.*

Munroë, 5, *rue de la Paix.*

Murat, Comte Joachim, 23, *rue de Marignan.*

Murat, S. A. le Prince Joachim, 5, *r. de Larochefoucault.*

Murat, S. A. le Prince, L., 2, *avenue Montaigne.*

N

Narischkin Dmitry, *rue de la Paix, hôtel de Douvres.*

Nel, 22, *rue de la Chaussée-d'Antin.*

Némès, Comte de.

Nesle, Comte de, 2, *rue Miroménil.*

Nieuwerkerke, Comte de, *Palais du Louvre.*

Noël, Casimir, 17, *rue Tronchet.*

Noubel, 11, *rue Richepanse.*

O

Oraison, Général de div., Comte d', 80, *r. de l'Université.*

Ornano, S. Exc. le Maréchal, Comte d' (fondateur), *hôtel impérial des Invalides.*

Ornano, Comte Rodolphe d', *hôtel impér. des Invalides.*

Oslawski, Victor, 5, *rue des Champs-Elysées.*

Osma, J. de, *hôtel Bristol.*

Osmond, Georges, 50, *rue d'Amsterdam.*

Ouchakoff, 118, *rue de la Pépinière.*

Outhorn, d', 19, *boulevard Montmartre.*

P

Padoue, Duc de (fondateur), 45, *rue de Courcelles.*

Païva, Vicomte de, Min. du Portugal, 12, *rue d'Astorg.*

Parieu, de, 31, *rue Bellechasse.*

Partarrieu-Lafosse, 210, *rue de Rivoli.*

Paskéwitch, de, 48, *Faubourg St-Honoré.*

Pécourt, 4, *rue Martel.*

Pelletier, Jules, *Ministère des finances.*

Penguilly-Lharidon, *Musée d'artillerie.*

Pereire, Isaac, 35, *Faubourg St-Honoré.*

Pereire, Emile (fondateur), 35, *Faubourg St-Honoré.*

Périer, Edmond, 6, *rue Royale-St-Honoré.*

Périer, Joseph. *Id.*

Persigny, S. Exc. le Comte de, Ministre (fondateur).

Peters.

Petit, 49, *Chaussée-d'Antin.*

Pierres, Adhémar de, 7, *rue St-Florentin.*

Pietra Santa, de (fondateur), 116, *boul. Sébastopol,* (*rive droite*).

Pietri, 19, *rue Louis-le-Grand.*

Plaisance, Duc de (fondateur), *boulevard Malesherbes.*

Plancy, Baron de, 7, *rue St-Lazare.*

Poisson, Baron, 42, *avenue de l'Impératrice.*

Poisson, Henri, *Idem.*

Portalis, Baron Harold, 7, *rue de Penthièvre.*

Portalis, Baron Jules de, 43, *rue de la Ville-l'Évêque.*

Prado, Comte de, 12, *rue Roquépine.*

Q

Quélen, Vicomte de (fondateur), 11, *rue d'Aguesseau.*

Quiclet, 27, *avenue d'Antin.*

Quinette, Baron, 39 *ter, rue de la Ville-l'Evêque.*

R

Rainbaux, Firmin, 56, *rue de Ponthieu.*

Rainbaux, Abel, 59, *rue de Ponthieu.*

Ranchicourt, Comte de, 3, *avenue Matignon.*

Ratisbonne, de.

Réalier Dumas, 57, *rue St-Lazare.*

Reboul, 19, *rue de la Pépinière.*

Reille, Colonel Comte, 8, *avenue de la Tour-Maubourg.*

Reille, Vicomte Gustave, 127, *rue St-Dominique.*

Reiset, Comte de, 35 *bis*, *rue d'Amsterdam.*

Renty, Paul de, 20, *rue Godot-de-Mauroy.*

Richemont, Baron Paul de, 82, *rue d'Amsterdam.*

Richepanse, Général Baron de, *à Châlons (Marne).*

Rigault de Genouilly, Vice-Amiral, 37, *rue du Luxembourg.*

Roger, Baron, 6, *rue d'Angoulême-St-Honoré.*

Roger de Sivry, Baron, 107, *Faubourg-St-Honoré.*

Rogier, F., Min. de Belgique, 97, *rue de la Pépinière.*

Romeuf, de, 10, *rue Mogador.*

Roncière Le Noury, Contre-Amiral, Baron de la, 8, *rue Montpensier.*

Rosalès, de, 20, *rue de Tivoli.*

Rossignol, Frédéric, 61, *Faubourg-St-Honoré.*

Rothschild, Baron James de (fondr), 15, *rue Laffitte.*

Rothschild, Baron Gustave de, 15, *rue Laffitte.*

Rothschild, Baron Alphonse de, 15, *rue Laffitte.*

Rothschild, Baron Antonin de, 15, *rue Laffitte.*

Rouffio, 29, *rue de l'Arcade.*

Rouher, Son Exc. le Ministre, 62, *rue St-Dominique.*

Rouland, Son Exc. le Ministre, 110, *rue de Grenelle-St-Germain.*

Roussel, 3, *rue Corneille.*

Rouville, Comte de, 14, *avenue de l'Impératrice.*

Rüe, Comte de la, Général de division, 12, *rue d'Aguesseau.*

S

Sabatier.

Sabouroff, de.

Saint-Didier, Baron de, 23, *rue de la Ville-l'Évêque.*

Saint-Didier, Félix de, 32, *rue Neuve-des-Mathurins.*

Saint-Simon, Général, Duc de, 3, *rue de Monsieur.*

Saint-Marsault, Comte de, *à Versailles.*

Saint-Martin, Paul de, 39, *rue de Miroménil.*

Sallandrouze de la Mornaix, 23, *boulevard Poissonnière.*

Sampiery, Marquis de, 11, *rue des Saussaies.*

Schikler, Arthur (fondateur), 17, *place Vendôme.*

Schneider (fondateur), 1, *rue Boudreau.*

Schouvaloff, Comte, 73, *rue du Faubourg St-Honoré.*

Schouvaloff, Major, Comte Pierre, *à l'Ambassade de Russie.*

Séebach, Baron de, Ministre de Saxe, 29, *rue de Courcelles.*

Sellières, Baron, (fondateur), 70, *rue de Provence.*

Seneca, 13, *rue de Suresnes.*

Siltzer, 39, *rue Neuve-des-Mathurins.*

Siméon, Comte de, 23, *quai d'Orsay.*

Sivry, A. de (fondateur), 6, *rue Las-Cases.*

Soltykoff, Prince Demitry, 3, *rue Lepelletier.*

Soubeyran, Baron G. de, *au Crédit foncier.*

Sorvillo, R.

Stewart, Colonel, 122, *avenue des Champs-Élysées.*

Stolypine Dmitry, 15, *rue Royale.*

Suin, 186, *rue de Rivoli.*

Suleau, Vicomte de, 44, *rue du Bac.*

T

Tarbé des Sablons, 101, *rue Neuve-des-Petits-Champs.*

Thouvenel, S. Exc. le Ministre des Affaires étrangères, *au Ministère des Affaires étrangères.*

Thuret, Henry, 48, *avenue Gabriel.*

Tolstoy, *à l'Ambassade de Russie.*

Toulongeon, Colonel, Marquis de, 75, *avenue Montaigne.*

Toulongeon, Comte de, 2, *rue Moncey.*

Treilhard, Comte Ach., 7, *rue Castiglione.*

Trévise, Duc de, 132, *rue du Faubourg-St-Honoré.*

Trévise, Marquis de, 25, *rue du Faubourg-St-Honoré.*

Turgan, 13, *quai Voltaire.*

V

Vaïsse, 57, *rue de la Madeleine.*

Valabrégue de Lawœstine, Comte A[te] de, 22, *place Vendôme.*

Valabrégue, Paul de, 22, *place Vendôme.*

Van den Broek, Frédéric, 28, *place St-Georges.*

Vandermarq, 76, *rue de Lille.*

Varennes, Baron de (fondateur), 30, *rue de Lille.*

Veauce, Baron de, 3, *rue de l'Oratoire du Roule.*

Veillat, 3, *rue de l'Oratoire.*

Vely-Pacha, S. Exc., Ambassadeur de Turquie, 116, *rue de Grenelle-St-Germain.*

Viana, Marquis de, *hôtel de Hollande.*

Vicence, Duc de, 14, *rue Circulaire.*

Viel Castel, Comte de, *au Palais du Louvre.*

Villemain, intend. militaire, 66, *rue Basse-du-Rempart.*

Villiers, Comte F. de, 13, *rue de Verneuil.*

Visconti, 55, *rue de la Pépinière.*

Vogel, 9, *Faubourg-Poissonnière.*

Vuitry, 7, *rue de Penthièvre.*

W

Wachter, *rue du Hâvre*, 2, *impasse Bony.*

Walewski, S. Exc. le Comte Colonna, Ministre, *au Ministère d'État.*

Walsh, Vicomte Olivier (fondateur), 7, *rue St-Florentin.*

Walsh, Comte Alf., 73, *rue de Grenelle.*

Welles, S. de La Valette, 44, *avenue Gabriel.*

Wittheinsten, prince.

Y

Ypsilanti, Prince, 68, *Faubourg-St-Honoré.*

Z

Zizinia, Vicomte de, 5, *rue du Cirque*.

MEMBRES HONORAIRES.

Albe, Duc d'.

Alméida, Chevalier d', 17, *rue du Cirque.*

Baumbach, Baron de, 16, *rue Jean-Goujon.*

Blome, Comte de, 23, *Faubourg-St-Honoré.*

Brandebourg, Comte de, 78, *rue de Lille.*

Bulwer, Right Honble, Sir Henry, *à l'Ambassade d'Angleterre.*

Campbell, Robert, *hôtel de Windsor, rue de Rivoli.*

Chatfield, Frédéric, *hôtel des Deux-Mondes*, 8, *rue d'Antin.*

Chelsea, Vicomte, *à l'Ambassade d'Angleterre.*

Corot.

Dodun de Kéroman, Comte.

Duriez de Verninac.

Eglinton, Lord, 33, *rue de la Madeleine.*

Ezpeléta, Ferdinand, 23, *rue Laffitte.*

Excelmans, Capitaine de vaisseau, Comte Maurice d', 9, *rue Blanche.*

Goyon, Général de division, Comte de, 31, *rue d'Astorg.*

Gramont, S. Exc. le Duc de, 38, *rue de la Ville-l'Évêque.*

Hübner, S. Exc. le Baron de, 87, *rue de Grenelle-St-Germain.*

Karolyï, Comte, 18, *rue de Tivoli.*

Khérédine, Général, 104, *rue du Faubourg-St-Honoré.*

Koscielski, Général, Comte, 2, *place de la Madeleine.*

Kreutz, Général, Comte de.

Langford, Capitaine de la marine royale d'Angleterre, 15, *rue du Cirque.*

Manderstrom, Baron de, 74, *rue d'Anjou-St-Honoré.*

Marasly.

Merle, 416, *rue St-Honoré.*

Meyerbeer, 11, *rue Richepanse.*

Michelin-Tronson du Coudray, 13, *rue d'Isly.*

Obolenski, Prince.

Pètre, Henry, 5 *bis*, *rue du Cirque.*

Piper, Comte de, 8, *rue Rumfort.*

Réal, Comte del, 37, *rue Vanneau.*

Ryszewski, Comte Léon, 11, *rue Tronchet.*

Shelburne, Lord.

Treilhard, Baron, 16, *rue Louis-le-Grand.*

Van den Broek, John, 28, *place St-Georges.*

Vernet, Horace, *au Palais de l'Institut.*

Villahermosa, Duc de, 76, *rue Neuve-des-Mathurins.*

Viluma, Comte de, Ministre d'Espagne, 29, *rue de Courcelles.*

Willoughby, 9, *rue Blanche.*

Zizinia, Paul.

RÈGLEMENT

DU CERCLE IMPÉRIAL.

CERCLE IMPÉRIAL.

RÈGLEMENT INTÉRIEUR.

Art. 1er. — Le Cercle porte le nom de CERCLE IMPÉRIAL.

Art. 2. — Le nombre des membres permanents du Cercle est fixé à 700.

Art. 3. — La cotisation annuelle est de 300 francs.

Chaque membre, à son entrée, paye en sus une somme de 300 francs.

Les membres reçus dans le courant de l'année payent, outre l'entrée de 300 francs, une cotisation proportionnelle au nombre de mois restant à courir.

Les membres du Cercle ne peuvent être tenus au delà de leur cotisation.

Art. 4. — Toute personne qui désire faire partie du Cercle doit être présentée par deux membres permanents.

Les demandes d'admission sont enregistrées sur le livre tenu à cet effet par le Secrétaire.

Elles doivent être appuyées de la signature des membres qui présentent le candidat.

Les noms des candidats, accompagnés de ceux de leurs parrains, sont affichés dans les salons du Cercle.

Art. 5. — L'admission dans le Cercle d'un nouveau membre, permanent ou temporaire, ne peut être prononcée qu'après un vote auquel les membres permanents du Cercle peuvent seuls prendre part.

Le vote a lieu cinq jours après l'affichage des noms des candidats permanents, et trois jours après celui des candidats temporaires.

Art. 6. — Les boules destinées au vote sont déposées dans autant d'urnes qu'il y a de candidats ; chaque votant reçoit successivement, à cet effet, une boule par urne, et son nom est inscrit sur une liste par le Secrétaire.

Le scrutin reste ouvert depuis 5 heures jusqu'à 6. Il n'est valable que si le nombre des votants est de 40 au moins pour un candidat permanent et de 24 au moins pour un candidat temporaire.

L'ouverture et le dépouillement du scrutin sont faits par deux membres du comité, parmi lesquels ne doit figurer aucun des parrains des candidats.

Le candidat contre lequel il est déposé un nombre de boules noires égal ou supérieur au 6me du nombre des votants est ajourné, et peut se présenter de nouveau.

Le résultat du scrutin est proclamé par les mots *admis*, *ajourné*, ou *scrutin nul*, si le nombre des boules déposées ne se trouve pas égal au nombre des votants.

Art. 7. — Aucune présentation au scrutin ne peut avoir lieu pour un membre permanent, du 1er juillet au 1er novembre de chaque année.

Les présentations de membres temporaires peuvent être faites à une époque quelconque de l'année.

Art. 8. — L'année du Cercle date du 1er janvier.

Tout membre permanent qui n'a pas notifié par écrit au Secrétaire, avant le 1er janvier, l'intention de cesser de faire partie du Cercle, reste débiteur de sa cotisation pour l'année courante.

Art. 9. — Ceux des membres qui n'auraient pas payé leur cotisation au 1er février seront prévenus par une lettre du Secrétaire que leurs noms seront, à partir du 1er mars, affichés dans le salon du Cercle, et rayés définitivement le 31 mars.

Art. 10. — Sont admis de droit, sur leur demande et sur l'envoi pur et simple de leur cotisation :

Les Ambassadeurs;

Les Ministres plénipotentiaires;

Les Ministres résidents;

Art. 11. — Les Étrangers, dont le séjour à Paris n'est que momentané, peuvent être admis comme membres temporaires du Cercle pour une durée de trois mois, moyennant un payement de 200 fr.

Tout membre temporaire qui demande à être admis de nouveau en cette qualité, au bout de trois mois, ou qui désire devenir membre permanent, est soumis aux règles prescrites pour la réception d'un candidat.

Si un membre temporaire est reçu membre permanent dans les trois mois qui suivent son admission comme membre temporaire, il lui suffit de payer 400 fr. de plus pour compléter sa souscription.

Art. 12. — Les Étrangers membres du Cercle, qui quittent momentanément la France, restent membres honoraires du Cercle pendant leur absence. A leur retour, ils rentrent dans la jouissance de leurs droits en payant la souscription de l'année courante.

Les officiers retenus pour leur service hors de Paris, et les membres du corps diplomatique envoyés en mission à l'étranger, dont l'absence durerait plus d'une année, jouissent du même privilége.

Art. 13. — Nul ne peut être admis dans les salons s'il n'est membre du Cercle. Néanmoins, le Comité peut, par une décision spéciale, autoriser l'admission d'un personnage de distinction étranger qui serait momentanément à Paris.

Art. 14. — Le Cercle Impérial est administré par un

Comité composé de trente membres pris parmi les membres permanents du Cercle, et nommés au scrutin par l'assemblée générale à la majorité relative.

L'assemblée générale nomme chaque année son Président et ses deux Vice-Présidents.

Le Comité est nommé pour trois ans, et se renouvelle chaque année par tiers.

Les membres sortants peuvent être réélus.

Art. 15. — Il ne sera pourvu par l'assemblée générale au remplacement des membres décédés ou démissionnaires du Comité pendant l'année que dans le cas où ce Comité se trouverait réduit à un nombre inférieur aux deux tiers de ses membres.

Art. 16. — Le Comité a des pouvoirs illimités pour l'administration du Cercle, pour le choix des employés et gens de service, pour la fixation de leurs traitements ou salaires, et celle des cautionnements s'il y a lieu. — Il fait tous les règlements qu'il juge nécessaires.

Il ne peut, néanmoins, faire ni emprunts ni appels de fonds sans un mandat spécial de l'assemblée générale.

Art. 17. — Le Comité peut déléguer pour l'expédition des affaires un Sous-Comité pris dans son sein; il nomme un Secrétaire qui est placé sous sa direction spéciale pour tout ce qui concerne la comptabilité, le matériel et le personnel du Cercle.

Art. 18. — Aucune dépense du Cercle ne peut être payée par le Secrétaire que sur un ordre de payement visé par un membre du Sous-Comité.

Art. 19. — Tous les fonds reçus, à quelque titre que ce soit, sont versés dans l'un des établissements de crédit dont le gouverneur ou le président est nommé par le gouvernement, et ne peuvent en être retirés que sur la signature de deux membres du Sous-Comité et du Secrétaire du Cercle.

En cas d'absence des membres du Sous-Comité, les signatures pourront être données par deux membres du Comité.

Art. 20. — Les décisions du Comité sont prises à la majorité des membres présents.

La présence de sept membres suffit pour valider les décisions.

En cas de partage, la voix du Président est prépondérante.

Art. 21. — L'assemblée générale du Cercle est convoquée tous les ans, dans le courant de février, pour entendre la lecture du rapport qui lui est fait par son Comité sur les recettes et les dépenses de l'exercice précédent, et statuer sur les comptes qui lui sont présentés.

Art. 22. — Le Comité peut, indépendamment de l'assemblée générale mentionnée en l'article précédent, convoquer une assemblée générale extraordinaire toutes les fois qu'il le juge nécessaire.

L'assemblée générale est également convoquée sur la

demande motivée et signée de 30 membres permanents. Cette demande doit être affichée dans les salons du Cercle quinze jours à l'avance.

Art. 23. — Les assemblées générales délibèrent valablement lorsque les membres présents sont au nombre de soixante.

Dans le cas où, sur une première convocation, cette condition ne serait pas remplie, il est procédé à une seconde convocation, à quinze jours d'intervalle. Dans cette seconde réunion, l'assemblée délibère valablement, quel que soit le nombre des membres présents, mais seulement sur les objets qui étaient à l'ordre du jour de la première réunion.

Art. 24. — Aucun article du règlement ne peut être changé qu'en assemblée générale et à la majorité des deux tiers des votes exprimés.

Aucune proposition de changement au règlement ne peut être faite à l'assemblée générale annuelle sans avoir été préalablement affichée pendant dix jours dans les salons du Cercle.

Art. 25. — Toute réunion pour objet politique, ainsi que toute discussion politique organisée, sont formellement interdites.

Art. 26. — En cas d'infraction grave au règlement, aux lois de l'honneur ou de la bienséance, le Comité décide s'il y a lieu de prononcer l'exclusion du membre qui s'en est rendu coupable. Cette exclusion ne pourra être prononcée qu'à l'unanimité, et dans une réunion du Comité composée des trois quarts au moins de ses membres.

Art. 27. — Les règlements intérieurs du Cercle sont affichés dans les salons de lecture et dans les salons de jeu.

Art. 28. -- Les jeux de commerce sont seuls autorisés; les jeux de hasard sont prohibés sous peine de radiation des contrevenants, prononcée par le Comité.

Les droits sur les jeux sont payés suivant les tarifs établis par le Comité.

Art. 29. — Les portes du Cercle sont ouvertes à neuf heures du matin et fermées à deux heures après minuit.

Art. 30. — Le présent règlement est obligatoire pour tous les membres du Cercle.

Le Comité veille à ce qu'il soit strictement exécuté.

Art. 31. Il est établi dans les salons du Cercle un registre spécial sur lequel chaque membre du Cercle a le droit de consigner ses réclamations.

Aucune réclamation verbale ne peut être adressée aux membres du Comité.

Art. 32. — Les membres du Cercle s'interdisent tout recours devant les tribunaux; les contestations qui pourraient naître, soit sur l'interprétation du présent règlement, soit sur son exécution et tout ce qui peut s'y rattacher, sont jugées en dernier ressort et sans recours par le Comité.

Art. 33. — Tout changement dans le règlement est communiqué à S. Exc. M. le Ministre de l'Intérieur.

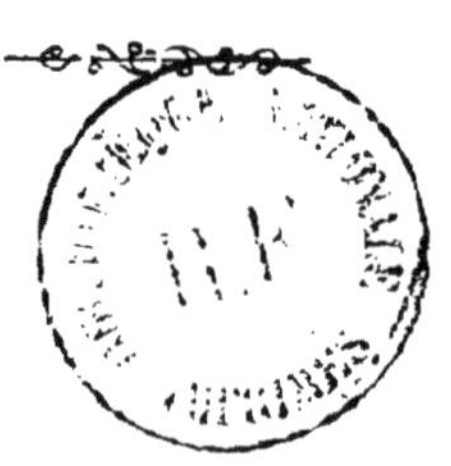

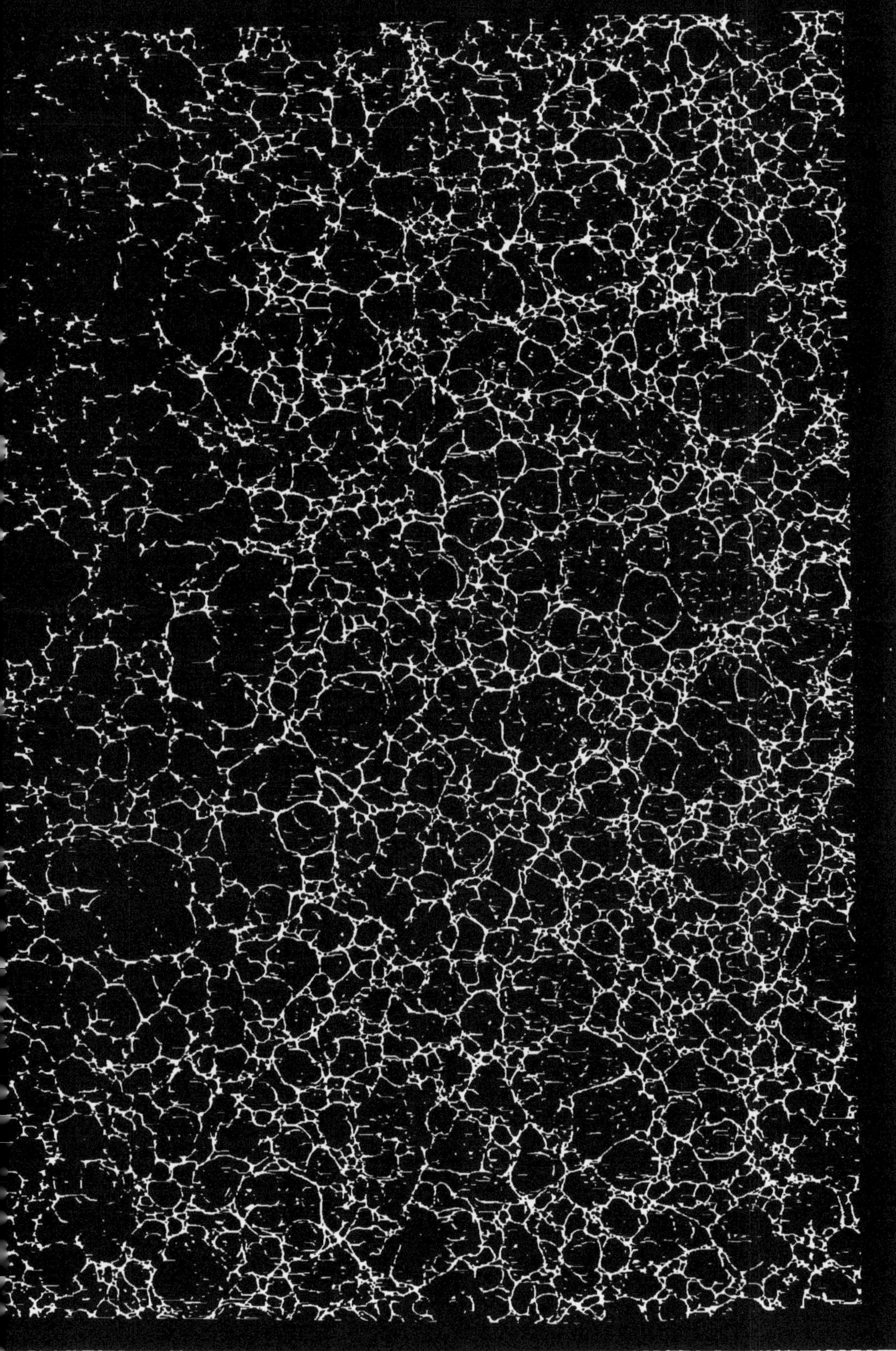

www.ingramcontent.com/pod-product-compliance
Ingram Content Group UK Ltd.
Pitfield, Milton Keynes, MK11 3LW, UK
UKHW021215230726
13926UKWH00003B/1039

9 782014 437287